TABLE

DES

DÉCRETS, DÉCISIONS

ET ARRÊTÉS

DU

GOUVERNEMENT DE LA DÉFENSE NATIONALE.

CHALONS-SUR-MARNE

IMPRIMERIE T. MARTIN, PLACE DU MARCHÉ-AU-BLÉ, 50.

—

1871

TABLE

DÉCRETS, DÉCISIONS ET ARRÊTÉS

DU GOUVERNEMENT DE LA DÉFENSE NATIONALE.

Les décrets du Gouvernement de la défense nationale forment une collection encore éparse aujourd'hui dans de nombreux documents et qu'il serait utile de rassembler en un seul recueil. Ce sera la matière d'un volume intéressant, d'abord pour la facilité des recherches à faire, et ensuite comme étude historique. Beaucoup de personnes nous sauront gré de leur offrir, non pas le texte même des actes de la défense, dont beaucoup sont caducs à l'heure actuelle, mais le simple sommaire, avec la date de chacun de ces actes officiels. Nous avons réuni, aux décrets ayant force de loi, les décisions ou arrêtés rendus dans la forme règlementaire, en distinguant les uns et les autres par une mention spéciale, qu'ils émanent soit du gouvernement de Paris, soit de la délégation établie à Tours, plus tard à Bordeaux. Cette nomenclature, disposée dans l'ordre chronologique, commence au 4 septembre et s'arrête au 19 février, jour où le gouvernement provisoire s'est dessaisi, entre les mains de l'Assemblée nationale, de la puissance législative et souveraine.

SEPTEMBRE 1870.

4 *Septembre*. — Proclamation de la République.

Dissolution du Corps législatif et abolition du Sénat. (Décret. — Paris.)

Nomination des ministres. (Décret — Paris.)

Amnistie pour les crimes et délits politiques et de la presse. (Décret. — Paris.)

Le commerce et la fabrication des armes sont libres. (Décret. — Paris.)

5 *Septembre*. — Abolition du timbre sur les journaux. (Décret. — Paris.)

Le serment politique est supprimé. (Décret. — Paris.)

Répartition entre divers départements ministériels des services de l'ancien ministère des Sciences, Lettres et Beaux-Arts. (Décret. — Paris.)

Comité préposé à la conservation des objets d'art du Louvre. (Arr. mist[el]. — Paris.)

Abrogation de l'art. 4 du décret du 24 février 1858, concernant la profession de boucher. (Décret. — Paris.)

6 *Septembre*. — Suppression du ministère de la Maison de l'Empereur. (Décret. — Paris.)

La direction des bâtiments civils est réunie au ministère des travaux publics. (Décret. — Paris.)

La ville de Paris est autorisée à prélever cinq millions pour les dépenses de la guerre. (Décret. — Paris.)

Formule exécutoire des jugements, contrats et autres actes. (Décret. — Paris.)

Les cotons en laine importés par la frontière de terre sont affranchis de la taxe. (Décret. — Paris.)

7 *Septembre*. — Les faillis concordataires ou déclarés excusables sont admis à faire partie de la garde nationale. (Décret. — Paris.)

7 *Septembre.* — Subventions aux corps de volontaires. (Décret. — Paris.)

Organisation de la mairie de Paris. (Décret. — Paris.)

Réhabilitation des condamnés. (Déc.— Paris)

Contestations entre locataires et propriétaires, application de l'art. 1,244 du Code civil. (Décret. — Paris.)

8 *Septembre.* — Convocation des électeurs pour élire une assemblée nationale. (Décret. — Paris.)

9 *Septembre.* — La chambre criminelle de la cour de cassation est transférée à Tours. (Déc.— Paris.)

Suspension des prescriptions et péremptions en matière civile. (Décret. — Paris.)

L'entrée des armes et cartouches est affranchie de tout droit de douane. (Décret. — Paris.)

Suspension temporaire des droits d'octroi dans Paris. (Décret. — Paris.)

10 *Septembre.* — Les professions d'imprimeur et de libraire sont libres. (Décret. — Paris.)

Suppression de la commission du colportage. (Arrêté ministériel. — Paris.)

Suppression des commissaires de police cantonaux. (Arrêté ministériel. — Paris.)

Convocation des colléges électoraux aux colonies. (Décret. — Paris.)

Prorogation des délais relatifs aux effets de commerce. (Décret. — Paris.)

Délai pour les annuités en retard dues par les inventeurs brevetés. (Déc. — Paris.)

La garde de Paris prend le nom de garde républicaine. (Décret. — Paris.)

Délégation accordée au ministre de la justice pour nommer et révoquer les membres des tribunaux. (Décret. — Paris.)

11 *Septembre.* — Rétablissement de la taxe de boucherie dans Paris. (Décret. — Paris.)

Serment professionnel des nouveaux fonctionnaires. (Décret. — Paris.)

12 *Septembre*. — Allocation d'une indeminité aux gardes nationaux pendant le siége de Paris. (Décret. — Paris.)

La ville de Toul a bien mérité de la patrie. (Décret. — Paris.)

Le garde des sceaux est autorisé à statuer sur les demandes en naturalisation. (Décret. — Paris.)

Délégation pour représenter le Gouvernement dans les départements et en exercer les pouvoirs. (Décret. — Paris.)

Les militaires et fonctionnaires, qui ont perdu leur grade ou leur rang par suite des évènements de 1851, sont réintégrés dans leurs droits. (Décret. — Paris.)

13 *Septembre*. — Répartition des contingents des contributions foncière, personnelle - mobilière et des portes et fenêtres pour 1871. — Fixation des centimes additionnels aux contributions directes de ladite année. — (Décret. — Paris.)

L'exercice de la chasse est suspendu. — (Décret. — Paris.)

Révision des dispenses accordées aux gardes mobiles à titre de soutiens de famille. — (Décret. — Paris.)

Les délais déterminés par la loi relative aux effets de commerce sont applicables aux colonies. — Décret. — Paris.)

14 *Septembre*. — La présidence du conseil de préfecture de la Seine est supprimée. (Déc. — Paris.)

Désignation des fonctionnaires chargés de représenter le ministère de l'intérieur. — (Décret. — Tours.)

Le ministre des cultes est autorisé à agréer, au nom du gouvernement, les nominations faites par les évêques. (Déc. — Paris.)

15 *Septembre*. — Élections pour l'Assemblée nationale. — Tableau par départements des représentants à élire. (Décret. — Paris.)

Solde des corps détachés de la garde nationale sédentaire. (Décret. — Paris.)

15 *Septembre*. — Approbation de la Société d'assurances contre
les pertes causées par le siége de Paris.
Statuts. (Décret. — Paris.)

Les membres du conseil d'Etat sont sus-
pendus de leurs fonctions. (Déc. — Paris.)

Organisation des agents des prisons. (Arrêté
ministériel. — Tours.)

16 *Septembre*. — Adjonction de deux membres de la délégation gouvernementale. (Déc. — Paris.)

Expulsion des étrangers dont les pays sont
en guerre avec la France. (Déc. — Tours.)

Confection et mise en recouvrement des
rôles des contrib. directes. pour 1871. —
(Décret. — Tours.)

Renouvellement des conseils municipaux.
Elections. (Décret. — Paris.)

17 *Septembre*. — Publication des listes électorales complé-
mentaires. (Décret. — Paris.)

Election des officiers des bataillons de mobiles réunis dans Paris (1). (Déc. — Paris.)

Remboursement des fonds placés à la caisse
d'épargnes. (Décret. — Paris.)

Taxe à laquelle seront soumis les locaux vacants à Paris. (Décret. — Paris.)

18 *Septembre*. — Compostion du conseil municipal de la ville
de Paris. (Décret. — Paris.)

Crédit de 600,000 fr. pour la construction
de mitrailleuses. (Décret. — Paris.)

Création d'un corps d'artillerie de la garde
nationale à Paris. (Décret. — Paris.)

19 *Septembre*. — Abrogation de l'art. 75 de la constitution de
l'an VIII. (Décret. — Paris)

Commission provisoire chargée de remplacer
le conseil d'Etat. (Décret. — Paris.)

Les cotons et laines importés par terre sont
affranchis de la taxe. (Décret. — Paris.)

20 *Septembre*. — Dissolution des conseils municipaux. (Décret. — Tours.)

(1) Ce décret a été rendu applicable aux bataillons des départements.

20 *Septembre*. — Les ministres sont autorisés à signer, chacun en ce qui concerne son département, toutes nominations et tous actes qui ne sont pas de nature à être délibérés en conseil. (Décret. — Paris.)

22 *Septembre*. — Présidence des sociétés de secours mutuels. — (Décret. — Tours.)

23 *Septembre*. — Les élections dans Paris sont ajournées. — (Décret. — Paris.)

24 *Septembre*. — Les élections municipales et pour la constituante sont ajournées. — Les municipalités actuelles sont maintenues.(Décret. — Tours.)

Les dépenses secrètes de sûreté publique sont supprimées. (Décret. — Paris.)

25 *Septembre*. — Type et légende du sceau de l'Etat, des sceaux et cachets des tribunaux, notaires et autres officiers publics. (Déc. — Paris.)

26 *Septembre*. — Expédition de la correspondance par ballons et taxe des lettres. (Décret. — Paris.)

27 *Septembre*. — Etablissement des conseils de guerre pour juger les crimes et délits commis par les gardes nationaux pendant le siége de Paris. (Décret. — Paris.)

La ville de Napoléon-Vendée reprend le nom de La Roche-sur-Yon. (Déc. — Tours.)

L'intérêt bénéficié pour les versements anticipés de l'emprunt de 750 millions est porté de 5 0/0 à 6 0/0. (Arr. — Paris.)

28 *Septembre*. — Solde des compagnies de francs-tireurs. (Arrêté. — Tours.)

29 *Septembre*. — Les compagnies de francs-tireurs mises à la disposition du ministre de la guerre. (Décret. — Tours.)

Organisation des gardes nationales mobilisées. (Décret. — Tours.)

Attributions de la commission d'armement. (Décret. — Tours.)

Réorganisation de l'administration de l'assistance publique. (Décret. — Paris.)

29 *Septembre*. — Les engagés volontaires qui justifient de connaissances spéciales suffisantes peuvent être commissionnés en qualité de sous-lieutenants auxiliaires de l'artillerie et du génie. (Décret. — Paris.)

La division de la presse est supprimée. (Arrêté ministériel. — Paris.)

Les juges de paix et les notaires des pays envahis sont autorisés à exercer leurs fonctions dans Paris. (Décret. — Paris.)

Une commission est instituée pour répartir entre les départements les secours votés en faveur des familles de militaires marchant à l'ennemi. (Décret. — Tours.)

Réquisition de tous les blés et farines existant dans l'enceinte de Paris. (Décret. — Paris.)

Recours contre les décisions du conseil des prises. (Décret. — Paris.)

Composition du conseil de révision de la garde nationale. (Décret. — Paris.)

30 *Septembre*. — Les élections à la Constituante sont fixées **au** 16 octobre. (Décret — Tours.)

Les agents des lignes télégraphiques sont exemptés du service militaire pendant la guerre. (Décret — Tours.)

Suppression de la commission d'examen des ouvrages dramatiques. (Décret — Paris.)

Mise en liberté provisoire des accusés renvoyés devant la cour d'assises. (Décret — Paris.)

Un délai de trois mois est accordé pour le paiement des loyers. (Décret. — Paris.)

OCTOBRE 1870.

1er *Octobre*. — Ajournement des élections. (Déc. — Paris.)

Restitution d'objets engagés au Mont-de-Piété de Paris. (Décret. — Paris.)

Réquisitions. — Autorités compétentes. (Déc. — Paris.)

2 *Octobre*. — Affectation d'un crédit de 25 millions à la commission d'armement. (Déc. — Tours.)

Institution de conseils de révision près les cours martiales. (Décret. — Paris.)

Erection d'une statue à la ville de Strasbourg. (Décret. — Paris.)

3 *Octobre*. — Les agents des postes sont exemptés de tout service militaire pendant la guerre. (Décret. — Tours.)

Organisation des sections de la commission provisoire chargée de remplacer le conseil d'Etat. (Décret. — Paris.)

La suspension des prescriptions et péremptions en matière civile est applicable pendant la guerre aux inscriptions hypothécaires. (Décret. — Paris.)

4 *Octobre*. — La signature de sept membres du Gouvernement est nécessaire pour la validité de ses décrets. (Décret. — Paris.)

5 *Octobre*. — L'escadron des cent-gardes est licencié. (Décret. — Paris.)

6 *Octobre*. — Licenciement de l'escadron des gendarmes d'élite. (Décret. — Paris.)

7 *Octobre*. — L'argenterie provenant de l'ancienne liste civile sera convertie en monnaie. (Décret. — Paris.)

Traitement des membres de la commission remplaçant le conseil d'Etat et des avocats généraux à la cour de cassation. (Déc. — Paris.)

Réquisition des fourrages et denrées restés en souffrance dans les gares. (Déc. — Paris.)

Bureaux d'assistance pour secourir les personnes réfugiées dans Paris. (Arr. — Paris.)

8 *Octobre*. — M. Gambetta est adjoint à la délégation gouvernementale. (Décret. — Paris.)

Indemnité mensuelle aux membres du Gouvernement. (Décret. — Paris.)

9 *Octobre*. — Interprétation du décret du 30 septembre

concernant les délais accordés aux locataires en retard. (Décret. — Paris.)

10 *Octobre*. — Le cautionnement des journaux est aboli. (Décret. — Paris.)

11 *Octobre*. — Nouvelle prorogation des délais relatifs aux effets de commerce. (Décret. — Paris.)

Organisation définitive des corps francs. (Décret. — Paris.)

Avances aux créanciers de l'Etat retenus dans Paris. (Décret .— Paris.)

Conservation des œuvres d'art du palais de Fontainebleau. (Arr. ministériel. — Tours.)

La ville de Napoléonville reprendra le nom de Pontivy. (Décret. — Tours.)

Formation des ouvriers des ateliers d'armes en compagnies spéciales. (Décret — Tours.)

Organisation des corps de la garde nationale mobilisée. (Décret. — Tours.)

12 *Octobre*. — Conseils de guerre de la garde nationale. (Décret. — Paris.)

Réquisition des armes d'origine étrangère à leur entrée en France. (Décret. — Tours.)

Réunion de l'administration des lignes télégraphiques à l'administration des postes. (Décret. — Tours.)

Dissolution de la garde civique de Marseille. (Décret. — Tours.)

Fabrication des cartouches dans les manufactures de l'Etat. (Décret. — Tours.)

Publication du *Bulletin de la République*, destiné à l'affichage dans les communes. (Décret. — Tours.)

Prohibition de sortie des bestiaux, denrées et comestibles de toutes sortes à la frontière. (Décret. — Tours.)

13 *Octobre*. — L'élection d'officiers de la garde mobile peut être annulée. (Décret. — Paris.)

14 *Octobre*. — Institution d'un conseil de contrôle des comptes de la garde nationale. (Déc. Paris.)

14 *Octobre*. — Les inventeurs qui prennent un brevet d'invention sont dispensés de verser la première annuité. (Décret. — Paris.)

Jury. — Remise en vigueur du décret du 7 août 1848. (Décret. — Tours.)

L'armée auxiliaire est assimilée à l'armée régulière pendant la durée de la guerre. (Décret. — Tours.)

Organisation de la défense dans les départements déclarés en état de guerre. (Déc. — Tours.)

15 *Octobre*. — Le personnel télégraphique employé aux armées est placé sous les ordres du général en chef. (Décret. — Tours.)

Création de compagnies de pourvoyeurs pour la récolte des fruits et légumes dans les environs de Paris. (Arrêté. — Paris.)

16 *Octobre*. — Suppression du monopole de la poste pour le transport des journaux. (Décret. — Tours.)

Organisation de la garde nationale mobilisée dans Paris. (Décret. — Paris.)

Un emploi d'adjudant-major est créé dans chaque bataillon de la garde mobile. (Décret. — Paris.)

Les déposants à la caisse d'épargne peuvent obtenir un nouveau remboursement de 50^f (Décret. — Paris.)

17 *Octobre*. — Tribunaux de commerce. — Abrogation du décret de 1852 ; — modification des articles 618, 619, 620, 621 et 629 du Code de commerce. (Décret. — Tours.)

18 *Octobre*. — Réquisition de tous les fourrages existant dans Paris. (Décret. — Paris.)

19 *Octobre*. — Création d'un conseil administratif par chaque division militaire. (Décret. — Tours.)

La commission supérieure d'encouragement des sociétés de secours mutuels est supprimée. (Arrêté ministériel. — Paris.)

20 *Octobre*. — La ville de Chateaudun a bien mérité de la patrie. (Décret. — Tours.)

20 *Octobre*. — Avancement des anciens officiers réemployés dans la nouvelle armée. (Décret. — Paris.)

Les domaines de l'ancienne liste civile sont rattachés au ministère des travaux publics. (Décret. — Paris.)

Campement des troupes. (Déc. — Tours.)

Les maires, les adjoints, les greffiers sont dispensés de la mobilisation ; les notaires ne sont pas exemptés. (Décret. — Tours.)

Situation et avancement des officiers des régiments de marche. (Décret. — Parıs.)

21 *Octobre*. — Roulement dans les cours et tribunaux. (Décret. — Paris.)

La société d'assurances mutuelles, en cas de décès, entre les gardes nationaux de la Seine, est autorisée. — Statuts. (Décret. — Paris.)

Nomination d'un directeur de la sûreté. (Décret. — Paris.)

22 *Octobre*. — Evacuation des bestiaux et denrées dans les départements envahis. (Décret. — Tours.)

Armement, habillement et solde des gardes nationaux mobilisés. (Décret. — Tours.)

Commandement des forces réunies de l'armée de Bretagne. (Décret. — Tours.)

Mesures propres à empêcher le ravitaillement de l'armée envahissante. (Décret. — Tours.)

23 *Octobre*. — Une commission est constituée pour l'examen des questions scientifiques intéressant la défense nationale. (Décret. — Tours.)

24 *Octobre*. — Réorganisation administrative et politique de l'Algérie. (Décret. — Tours.)

Les israélites indigènes des départements de l'Algérie sont déclarés citoyens français. (Décret. — Tours.)

Les indigènes musulmans restent soumis à la naturalisation. (Décret. — Tours.)

Exercice de la profession d'avocat en Algérie. (Décret. — Tours.)

24 *Octobre*. — Fonctionnement du jury en Algérie. (Décret. — Tours.)

Abrogation du décret du 8 décembre 1851 et de la loi du 27 février 1858 concernant la surveillance de la haute police. (Décret. — Paris.)

25 *Octobre*. — Le siége des audiences de la section de la Cour de cassation hors de Paris, est transféré à Poitiers. (Décret. — Tours.)

Création d'un emploi d'officier payeur dans la garde mobile. — (Décret. — Paris.)

Emprunt de 250 millions pour la défense nationale. (Décret. — Tours.)

26 *Octobre*. — Le commandement territorial, dont avaient été provisoirement investis les préfets maritimes, leur est retiré. (Décret. — Tours.)

Le délai d'un an, pour la naturalisation exceptionnelle, n'est point imposé aux étrangers ayant pris part à la guerre pour la défense de la France. (Décret. — Paris.)

27 *Octobre*. — La connaissance des délits politiques et de presse est attribuée au jury. (Décret. — Tours.)

Un conseil provisoire des prises est institué jusqu'au rétablissement des communications avec Paris. — (Décret. — Tours.)

Annulation d'un vote d'impôt par la commune de Lyon. (Décret. — Tours.)

Les sociétés de secours mutuels éliront elles-mêmes leurs présidents. (Décret. — Paris.)

28 *Octobre*. — Un crédit de 40,000 francs est affecté à la construction de ballons. (Décret. — Paris.)

Appel à l'activité de la classe 1870. (Décret.— Paris.)

La décoration de la Légion-d'Honneur sera exclusivement réservée à la récompense des services militaires. (Décret. — Paris.)

La garde impériale est supprimée. (Décret.— Paris.)

Le nombre des régiments d'infanterie est porté à 139. — (Décret. — Paris.)

29 *Octobre*. — Création d'emplois de colonel dans la garde mobile. (Décret. — Paris.)

Une commission spéciale est instituée pour l'utilisation des commandes d'armes. (Décret. — Paris.)

La préfecture de la Corse est replacée parmi les préfectures de 3ᵉ classe. (Décret. — Tours.)

30 *Octobre*. — Adoption des enfants des citoyens morts pour la patrie. (Décret. — Paris.)

Le dépôt légal continue à être obligatoire pour les professions libres d'imprimeur. (Décision. — Paris.)

NOVEMBRE 1870.

1ᵉʳ *Novembre*. — Le personnel des télégraphes employé en campagne est traité comme faisant partie de l'armée. (Décret. — Tours.)

Convocation des électeurs de Paris pour voter sur le maintien des pouvoirs du gouvernement de la défense nationale. (Décret. — Paris.)

Toute prise d'armes est défendue en dehors du service. (Décret. — Paris.)

Le nombre des régiments d'artillerie est porté à 22. (Décret. — Paris.)

2 *Novembre*. — Mobilisation de tous les hommes valides, de 21 à 40 ans. (Décret. — Tours.)

Dénomination des régiments de cavalerie de marche. (Décret. — Paris.)

3 *Novembre*. — Mode de votation pour l'élection des maires de Paris. (Décret. — Paris.)

Obligation imposée à chaque département de fournir un nombre de batteries de campagne proportionnel au chiffre de sa population. (Décret. — Tours.)

Réquisition des os frais de boucherie pour préparations alimentaires. (Ar.— Paris.)

4 *Novembre*. — Expédition et taxe des correspondauces par
pigeons voyageurs à destination de Pa-
ris. (Décret. — Tours.)

Les corps de francs-tireurs sont rattachés
aux armées en campagne. (Décret. —
Tours.)

Il sera procédé par deux votes distincts à
l'élection des maires et adjoints de Paris.
(Décret. — Paris.)

La haute-cour de justice est abolie. (Déc.
Paris.)

5 *Novembre*. — La loi reprend son cours à l'égard de tous
les effets de commerce souscrits, excepté
dans les départements envahis. (Déc. —
Tours.)

Crédit additionnel de 19 millions pour
l'armement national. (Déc. — Tours).

Promulgation des lois par la voie du *Journal officiel*. — (Décret. — Paris.)

Fixation du contingent à fournir par chaque département pour l'armement des
gardes nationaux mobilisés. (Déc. Tours.)

6 *Novembre*. — Un crédit de 60 millions est ouvert au ministre de l'intérieur pour les dépenses de
la garde nationale mobilisée. (Décret. —
Tours.)

7 *Novembre*. — Exécution du décret ordonnant la levée en
masse. (Déc. — Tours.)

Composition du corps auxiliaire du génie.
(Décret. — Paris.)

Le corps auxiliaire de Paris prend le titre
de *Légion du génie de la garde nationale
de Paris*. (Décret. — Paris.)

8 *Novembre*. — Formation de quatre compagnies de guerre
dans chacun des bataillons de la garde
nationale de Paris. (Déc. — Paris.)

Modification des insignes de la Légion-
d'Honneur et de la médaille militaire.
(Décret — Paris.)

Réquisition des bêtes à cornes et à laine
existant dans l'intérieur de Paris. — Ar.
ministériel. — Paris.)

8 *Novembre*. — Discipline de la garde nationale mobilisée. (Décret. — Tours.)

Une commission spéciale est instituée au ministère de l'intérieur pour les questions techniques de l'artillerie. (Arr. min. — Tours.)

9 *Novembre*. — La Faculté de médecine de Paris est remise en possession du droit de se réunir. (Décret. — Paris.)

10 *Novembre*. — Crédit de 20 millions pour les dépenses de la garde nationale. (Déc. — Paris.)

Le service des eaux, tel qu'il existait sous l'ancienne liste civile, est réuni au ministère des travaux publics. — Décret. — Paris.)

Les domaines productifs de l'ancienne dotation de la Couronne seront régis par l'administration des Domaines de l'Etat. (Décret. — Paris.)

Les préfets sont autorisés à accepter les offres de cloches. (Décret. — Tours.)

La prorogation relative aux effets de commerce est augmentée d'un mois. (Décret. — Paris.)

Infractions aux décrets concernant la taxe de la viande. (Décret. — Paris.)

11 *Novembre*. — Les tribunaux militaires connaîtront des actes pouvant porter préjudice aux opérations des armées. (Déc. — Tours.)

Le *Moniteur universel* est désigné pour la publication des lois et décrets. (Décret. — Tours.)

Attribution au ministère de la guerre des droits de réquisition pour accélérer les travaux de défense. (Décret. — Tours.)

Droit de réquisition attribué par délégation à la commission d'artillerie de la garde nationale mobilisée. (Décret. — Tours.)

Tous les chevaux, mulets et ânes destinés à la boucherie dans Paris sont achetés par l'Etat. (Arrêté. — Paris.)

11 *Novembre*. — La réquisition des avoines et fourrages est
    levée. (Ar. minist. — Paris.)

12 *Novembre*.— Institution d'un comité supérieur de défense
    de la vallée du Rhône. (Déc. — Tours.)

    Les jeunes gens de 25 à 35 ans du départe-
    ment de la Seine sont appelés à l'activité.
    (Décret. — Paris.)

    Réquisition des ateliers inoccupés, pour la
    fabrication des armes. (Déc. — Paris.)

    Crédit de 20 millions pour avancer aux dé-
    partements les moins riches les sommes
    nécessaires à l'exécution de leurs batte-
    ries d'artillerie. (Décret. — Tours.)

13 *Novembre*. — Appel à l'activité du contingent de 1870
    pour la garde mobile de la Seine. (Déc.
    — Paris.)

14 *Novembre*. — La femme ne peut être soumise à aucune
    poursuite pour paiement des dettes de
    son mari, pendant la guerre, qu'il s'a-
    gisse de dettes qu'elle aurait cautionnées
    ou de dettes solidaires entre elle et lui,
    etc. (Déc. — Tours.)

    La femme n'a pas besoin du consentement
    de son mari qui est à l'armée. (Décret. —
    Tours.)

    Les effets de commerce souscrits avant la
    guerre, à la différence des effets souscrits
    après la guerre déclarée, ne sont pas
    protestables. (Décret.— Tours.)

    Formation de nouveaux régiments de
    marche. (Décret. — Tours)

    L'admission en franchise par les bureaux de
    douane des armes et munitions de guerre
    est prorogée. (Décret. — Tours.)

    Indemnité de licenciement aux officiers de
    la garde mobile non réélus. (Décret. —
    Paris.)

15 *Novembre*. — M. Jules Ferry est nommé maire de Paris,
    avec la collaboration de MM. Clamage-
    ran, Hérisson et Chaudey, comme ad-
    joints. (Décret. — Paris.)

16 *Novembre*. — Le mandat des membres du tribunal de commerce de la Seine est provisoirement prolongé. (Décret. — Paris.)

Le titre et les fonctions de premier avocat général sont supprimés dans les cours d'appel. (Décret. — Paris.)

17 *Novembre*. — Expulsion des individus non domiciliés dans le département d'Indre-et-Loire. (Décret. — Tours.)

Les déposants à la caisse d'épargne sont admis à demander un nouveau remboursement de 50 fr. (Décret. — Paris.)

MM. Edgar Quinet et Philarète Chasles sont réintégrés dans leurs chaires de professeur. (Décret. — Paris.)

18 *Novembre*. — Application des règles de l'avancement hiérarchique dans les élections aux différents grades de la garde mobile. (Déc. — Paris.)

Un conseil de révision est institué pour statuer sur les dispenses invoquées par les gardes nationaux des compagnies de guerre. (Décret. — Paris.)

Solde et vivres en campagne des compagnies de guerre de la garde nationale. (Arrété. — Paris.)

19 *Novembre*. — Délimitation de l'action des comités militaires dans les départements déclarés en état de guerre. (Décret. — Tours.)

Interdiction du transport des denrées dans les départements occupés. (Déc.— Tours.)

Il ne sera accordé aucune remise aux receveurs municipaux pour les recettes et dépenses relatives à l'armement des gardes nationales mobilisées. (Déc. — Tours.)

20 *Novembre*. — Organisation des gardiens du service des transports cellulaires. (Arrété minist^{el}. — Tours.)

L'affichage des journaux est défendu. (Arr. — Paris.)

Le nombre des bataillons de chasseurs à pied est porté à 22. (Décret. — Paris.)

3

21 *Novembre.* — Réquisition de toutes les pommes de terre existant à Paris et dans la banlieue. (Décret. — Paris.)

La livraison du gaz d'éclairage est supprimée pour les particuliers, dans Paris. (Arrêté. — Paris.)

Création de quatre nouvelles batteries à pied dans le régiment d'artillerie de marine. (Décret. — Paris.)

22 *Novembre.* — Prohibition de sortie du beurre salé et des œufs. (Décret. — Tours.)

Réquisition des chevaux et harnais nécessaires aux batteries d'artillerie des départements. (Décret. — Tours.)

Cadres et composition des mêmes batteries. (Décret. — Tours.)

Au sujet des exemptions applicables à la mobilisation des hommes de 21 à 40 ans. (Décret. — Tours.)

23 *Novembre.* — Défense aux journaux de faire aucune publication relative aux travaux de fortification, etc. (Arrêté. — Paris.)

24 *Novembre.* — Saisie de 1,720 vaches laitières et recensement de 4,217 vaches restantes. (Arr. — Paris.)

25 *Novembre.* — Réquisition de toutes les huiles de pétrole en magasin dans Paris. (Déc. — Paris.)

Recensement général des chevaux et mulets. (Décret. — Paris.)

Création de camps stratégiques et de camps d'instruction. (Décret. — Tours.)

Les listes du jury de 1870 sont déclarées valables pour les assises de 1871, dans les départements envahis. (Décret. — Tours.)

Taxe des *dépêches-réponses* expédiées par pigeons et des mandats d'argent à destination de Paris. (Décret. — Tours.)

26 *Novembre.* — Création de nouveaux cadres de compagnies dans les dépôts d'infanterie. (Décret. — Tours.)

27 *Novembre*. — Non-rééligibilité des officiers de la garde
mobile révoqués ou cassés. (Décret. —
Paris.)

Création de bourses dans les lycées en
faveur des élèves des écoles primaires.
(Décret. — Paris.)

Nouvelle organisation du corps de l'intendance militaire. (Décret. — Tours.)

Il est créé une inspection générale pour le
service des remontes. (Decret. — Tours.)

Crédit pour les dépenses de l'escadron des
éclaireurs à cheval de la Seine. (Déc. —
Paris.)

28 *Novembre*. — Crédit de 6 millions pour subventions à des
travaux d'utilité communale. (Déc. —
Tours.)

Formation de la légion de Seine-et-Oise.
(Décret. — Paris.)

Subside de 75 centimes aux femmes de
gardes nationaux nécessiteux. (Déc. —
Paris.)

29 *Novembre*. — Création d'un commandement supérieur des
troupes du train pour les transports de
l'armée. (Décret. — Tours.)

Les comptes-rendus d'actes de guerre, autres
que ceux publiés par l'autorité militaire
entraîneront la suppression du journal.
(Décret. — Paris.)

Réquisition générale de toutes les viandes
de charcuterie. (Décret. — Paris.)

30 *Novembre*. — Le corps des ingénieurs est associé au génie
militaire, pour concourir à la défense du
territoire. (Décret. — Tours.)

La limite d'âge pour les aspirants à l'école
polytechnique est reculée d'un an en faveur de ceux qui sont sous les drapeaux.
(Décret. — Tours.)

Les pourvois en cassation cessent d'être sus-
pensifs des jugements en matière de garde
nationale. (Décret. — Tours.)

DÉCEMBRE 1870.

1ᵉʳ *Décembre.* — Suppression du service de la librairie près les bureaux de douane à la frontière. (Ar. — Tours.)

Les chefs-lieux militaires des provinces de l'Algérie sont séparés des chefs-lieux administratifs. (Déc. — Tours.)

Un dégrèvement d'impôt est accordé aux indigènes en Algérie, pour encourager l'extension des cultures. (Déc. — Tours.)

La sortie du beurre frais est interdite par extension du décret du 22 novembre.— (Décret. — Tours.)

2 *Décembre.* — Création d'inspecteurs des camps régionaux. (Déc. — Tours.)

Suspension des poursuites de saisie immobilière. (Déc. — Tours.)

3 *Décembre.* — Subvention à la ville de Paris pour l'établissement de fourneaux économiques. (Décret. — Paris.)

Nouveau crédit de 30,000 fr. pour la construction de ballons. (Décret. — Paris.)

4 *Décembre.* — Droit exceptionnel conféré au gouverneur de Paris de nommer à des emplois vacants dans la garde mobile. (Décret. — Paris.)

Composition des bataillons de la légion de Seine-et-Oise. (Ar. minist. — Paris.)

5 *Décembre.* — Les greffiers sont admis à suppléer les officiers ministériels appelés au service militaire. (Décret. — Tours.)

6 *Décembre.* — Les délibérations des conseils municipaux et des commissions administratives d'hospices sont déclarées valables sans l'approbation de l'autorité supérieure, dans les départements envahis. (Déc. — Tours.)

Suppression du bataillon de Belleville. — (Déc. — Paris.)

6 *Décembre.* — Désignation de commissaires pour procéder à une enquête sur les faits qui ont amené l'évacuation d'Orléans. (Décision minist. — Tours.)

7 *Décembre.* — Le service militaire est obligatoire pour les jeunes gens entrés au séminaire depuis le 1er août. (Déc. — Tours.)

8 *Décembre.* — La délégation gouvernementale est transférée à Bordeaux. (Déc. — Tours.)

Une subvention de 300,000 fr. est accordée à la ville de Paris pour le service des secours. (Déc. — Paris.)

Dépenses résultant de l'affectation de l'hôtel du ministère des Beaux-Arts au quartier-général du gouverneur de Paris. (Déc.— Paris.)

Les obsèques du général Renault ont lieu aux frais de l'État. (Déc. — Paris.)

9 *Décembre.* — Réunion des bataillons de guerre de la garde nationale en régiments. (Déc. — Paris.)

10 *Décembre.* — Suppression des comités de délégués dans les bataillons de garde nationale. — Formation d'un conseil de famille. (Déc. — Paris.)

Réquisition des houilles et cokes dans Paris. (Décret. — Paris.)

Décembre. — La banque de France est autorisée à abaisser ses coupures à 20 fr. (Déc. — Paris.)

Nouvelle prorogation pour le paiement des effets de commerce. (Déc. — Paris.)

Nombre suffisant de signatures pour la validité des décrets du gouvernement. (Déc. Paris.)

Solde attachée aux emplois d'officiers créés par suite de la formation des régiments de guerre de la garde nationale de Paris. (Décret. — Paris.)

13 *Décembre.* — Communication et ravitaillement de Paris. — Mission de M. d'Almeida. (Décret. — Paris.)

13 *Décembre.* — Abrogation d'une disposition des statuts de la caisse des retraites des employés de l'administration de la Seine, relativement aux services passés dans une autre administration. (Décret. — Paris.)

La limite d'âge des médecins et pharmaciens de 1ʳᵉ classe de l'armée de terre est reculée jusqu'à 72 ans. (Déc. — Paris.)

Institution d'une commission régionale à Nantes, pour la fabrication des batteries d'artillerie. (Arrêté. — Bordeaux.)

14 *Décembre.* — Prélèvement des hommes de la garde nationale mobilisée ayant servi, pour les incorporer dans l'armée. (Décret. — — Bordeaux.)

Prélèvement dans la garde nationale mobilisée, pour compléter la garde mobile. (Décret (*). — Bordeaux.)

Composition du personnel des ingénieurs attachés à chaque corps d'armée. (Déc. Bordeaux.)

Il est fondé un établissement de pyrotechnie à Bordeaux. (Arrêté. — Bordeaux.)

Suppression du bataillon des volontaires du 147ᵉ. (Décret. — Paris.)

15 *Décembre.* — Etablissement d'une Faculté de droit dans la ville de Bordeaux. (Déc. — Paris.)

L'abatage particulier des chevaux, ânes et mulets est interdit dans Paris. (Décret. — Paris.)

Réquisition des mêmes animaux pour l'alimentation. (Décret. — Paris.)

16 *Décembre.* — Une indemnité mensuelle de 300 francs est allouée aux maires et adjoints des vingt arrondissements de Paris. (Décret. — Paris.)

Crédit de 50,000 francs pour la publication des actes du gouvernement. (Décret. — — Paris.)

(*) Rapporté par décision du 16 janvier 1871.

16 *Décembre*. — Supplément de crédit de 20 millions pour les dépenses de la garde nationale. (Déc. — Paris.)

17 *Décembre*. — Création du 23ᵉ bataillon de chasseurs à pied. (Décret. — Paris.)

Abrogation du droit établi par le décret du 31 août sur les blés, farines et pain fabriqué. (Décret. — Paris.)

Nouveau remboursement de 50 francs offert aux déposants de la caisse d'épargne. (Décret. — Paris.)

Le palais de l'Elysée est affecté au service de l'état-major des gardes nationales. Décret.— Paris.)

18 *Décembre*. — Les officiers de la garde mobile seront désormais à la nomination du gouvernement. (Décret. — Paris.)

Recrutement du génie civil des armées dans les rangs de la garde mobilisée. (Arrêté. — Bordeaux.)

20 *Décembre*. — La gendarmerie des départements est mobilisée, en vue d'assurer la police militaire en arrière des corps d'armée. (Décret — Bordeaux.)

Création de six dépôts de convalescents à Nantes, Bayonne, Toulouse, Montpellier, Perpignan et Nice. (Arrêté ministériel. — Bordeaux.)

21 *Décembre*. — Réquisition des établissements d'instruction publique pour un service militaire. (Décret. — Bordeaux.)

Augmentation des taxes postales pour les correspondances à destination de l'Egypte, l'Inde, etc. (Décret. — Bordeaux.)

Subvention aux compagnies qui se sont réunies pour assurer les gardes nationaux appelés à la défense de Paris. (Déc. — Paris.)

22 *Décembre*. — Les entrepreneurs du service des postes sont exemptés des réquisitions de chevaux. (Décret. — Bordeaux.)

23 *Décembre*. — Le journal *la Patrie* est suspendu pendant trois jours. (Décret. — Paris.)

Les obsèques du général Blaise auront lieu aux frais de l'Etat. (Décret. — Paris.)

24 *Décembre*. — Le libre commerce des os frais de boucherie est rétabli. (Arrêté. — Paris.)

25 *Décembre*. — Dissolution des conseils généraux et d'arrondissement. (Décret (*).— Bordeaux.)

26 *Décembre*. — Le décret ci-dessus, du 25, n'est pas applicable aux trois départements de l'Algérie. (Décret. — Bordeaux.)

27 *Décembre*. — Création de trente-deux nouveaux régiments de Paris, par prélèvement dans la garde nationale. (Décret. — Paris.)

28 *Décembre*. — Les annonces judiciaires pourront être insérées, aux choix des parties, dans tous les journaux du département. (Décret. — Bordeaux.)

Mode d'élection des conseils généraux de l'Algérie. (Décret. — Bordeaux.)

29 *Décembre*. — Composition des conseils de guerre de la garde nationale. (Décret. — Paris.)

Le budget de la ville de Paris est fixé pour 1871 sur les mêmes bases que celui de 1870. (Décret. — Paris.)

L'escompte à bonifier aux porteurs des certificats de l'emprunt de 750 millions est porté de 6 à 8 0/0 par an pour les versements anticipés. (Décret.— Bordeaux.)

30 *Décembre*. — Maintien du second décime par franc établi sur les taxes de l'octroi de Paris. (Décret. — Paris.)

Nomination d'une commission pour l'examen des comptes des ministres en 1870. (Décret. — Paris.)

31 *Décembre*. — Fixation de la valeur des monnaies étrangères pour la perception, en 1871, du droit de timbre établi sur les effets pu-

(*) Ce décret a été abrogé par l'Assemblée nationale.

blics des gouvernements étrangers. —
(Décret. — Paris.)

Les ambulances privées sont placées sous
la direction de la Société internationale
de secours aux blessés. (Arrêté. — Bordeaux.)

JANVIER 1871.

1er *Janvier*. — Délimitation des pouvoirs des officiers généraux
chargés de commandements territoriaux
en Algérie. (Décret. — Bordeaux.)

2 *Janvier*. — Les manufactures de Sèvres, de Beauvais et
des Gobelins sont rattachées au ministère de
l'instruction publique et des Beaux-Arts.
(Décret. — Paris.)

Composition du corps d'artillerie des mitrailleuses. (Décret. — Paris.)

Création, à promixité des directions d'artillerie, de dépôts destinés à l'instruction
des batteries de la garde nationale mobilisée. (Décret. — Bordeaux.)

3 *Janvier*. — Désignation de l'emplacement de ces dépôts.
(Ar. minist. — Bordeaux.)

Un nouveau délai de 3 mois est accordé aux
locataires en retard, et compétence est
donnée aux juges de paix pour statuer
sur les contestations en matière de loyers.
(Décret. — Paris.)

Crédit de 20 millions pour les dépenses de la
garde nationale. (Décret. — Paris.)

Liquidation de la caisse de la dotation de
l'armée. (Décret. — Paris.)

4 *Janvier*. — Crédit de 200,000 fr. pour le transport des
correspondances par des moyens spéciaux.
(Décret. — Bordeaux.)

Nomination d'un sous-gouverneur de la
Banque de France à Bordeaux. (Décret.
— Bordeaux.)

4 *Janvier*. — Traites de coupes de bois, traites de douanes ;
—mode de libération provisoire des re-
devables. (Ar. minist. — Bordeaux.)

Réorganisation des services administratifs au
ministère de la guerre. (Ar. minist. —
Bordeaux.)

Les préfets nommeront directement aux emplois du service de santé des gardes nationales sédentaires. (Décret. — Bordeaux).

Confiscation des chevaux qui n'auront pas
été livrés. (Décret. — Paris.)

5 *Janvier*. — Formation d'un corps hanovrien en Algérie.
(Décret. — Bordeaux.)

Interdiction de faire sortir du grain de Paris.
(Décret. — Paris.)

6 *Janvier*. — Réquisition de tous les bitumes asphaltes,
etc., existant dans Paris. (Décret. — Paris.)

8 *Janvier*. — Crédit de 30 millions pour l'approvisionne-
ment de Paris. (Décret. — Paris.)

La taxe des dépêches par pigeons est réduite
à 20 centimes. (Décret. — Bordeaux.)

11 *Janvier*. — Droit à pension des victimes du bombarde-
ment de Paris. (Décret. — Paris.)

Solde et entrée en campagne des officiers de
l'artillerie de la garde nationale mobilisée.
(Arr. — Bordeaux.)

12 *Janvier*. — Nouvelle prorogation des délais relatifs aux
effets de commerce. (Décret. — Paris.)

Fixation du nombre de chevaux indispen-
sables qui seront conservés dans Paris pour
les transports privés. (Décret. — Paris.)

Défense aux boulangers de fabriquer du pain
de luxe. (Arr. — Paris.)

13 *Janvier*. — Réquisition générale des quantités de farines
excédant 5 kilogrammes par ménage. (Déc.
— Paris.)

16 *Janvier*. — La réquisition sur les pommes de terre est
levée. (Décret. — Paris.

Formation d'un bataillon auxiliaire du Génie.
(Décret. — Paris.)

17 *Janvier*. — Nouveau remboursement de 50 francs par la caisse d'épargne. (Décret. — Paris.)

18 *Janvier*. — Organisation de l'assistance publique à Marseille. (Décret. — Bordeaux.)

Rationnement du pain. (Arr. — Paris.)

Réquisition des approvisionements existant dans les logements des absents. (Arr. — Paris.)

19 *Janvier*. — Réquisition du blé qui avait été mis en réserve pour les semences. (Décret. — Paris.)

20 *Janvier*. — Réquisition des grains de toute espèce mis en en réserve pour semences. (Décret. — Paris).

21 *Janvier*. — Transformation des armes pour arriver à un type uniforme de cartouches. (Décret. — Bordeaux.)

Le commandement en chef de l'armée de Paris est séparé de la présidence du gouvernement. (Décret. — Paris.)

22 *Janvier*. — Suppression des clubs jusqu'à la fin du siége. (Décret. — Paris.)

Suppression des journaux *le Réveil* et le *Combat*. (Décret. — Paris.)

Le nombre des conseils de guerre de la 1re division militaire est porté de deux à quatre. (Décret. — Paris.)

23 *Janvier*. — Attributions conférées aux préfets pour la direction à donner à l'instruction primaire. (Déc. — Bordeaux.)

24 *Janvier*. — Crédit complémentaire de 200,000 francs pour transport des correspondances par des moyens secrets. (Décret. — Bordeaux.)

26 *Janvier*. — Nouveau crédit de 25,000 francs pour la construction d'aérostats. (Décret. — Paris.)

Crédit de 35,000 francs pour les frais de fabrication des monnaies de bronze. (Déc. — Paris.)

27 *Janvier*. — Prorogation au 13 février des délais relatifs aux effets de commerce. (Décret — Paris.)

28 *Janvier*. — Convention d'armistice.

29 *Janvier*. — Convocation des électeurs pour élire l'Assemblée nationale. (Décret — Paris.)

Les préfets et sous-préfets ne sont pas éligibles dans les départements où ils exercent leurs fonctions. (Déc. — Paris.)

Les officiers de la garde nationale pourront recevoir la médaille militaire pour fait de guerre. (Décret. — Paris.)

Les corps francs faisant partie de l'armée de Paris sont dissous. (Décret. — Paris.)

31 *Janvier*. — Les fonctionnaires de l'empire sont frappés d'inéligibilité. (Décret — Bordeaux.)

Crédit de un million pour venir en aide aux communes victimes de l'invasion. (Décret. — Bordeaux.)

FÉVRIER 1871.

1er *Février*. — Nombre de députés à attribuer à l'Algérie et aux colonies. (Décret. — Paris.)

Le scrutin sera ouvert à Paris pour les habitants de Seine-et-Oise et de Seine-et-Marne réfugiés dans la capitale. (Arr. — Paris.)

2 *Février*. — Les élections de Paris sont reportées au 8 février. (Décret. — Paris.)

3 *Février*. — Confection des listes du jury pour les assises de la Seine en 1871. (Décret. — Paris.)

Les régiments de la garde nationale mobilisée, dits régiments de Paris, sont dissous. (Décret. — Paris.)

4 *Février*. — Répartition entre les ministères compétents des crédits alloués au budget de 1871 pour les dépenses de l'Algérie. (Décret. — Bordeaux.

Etablissement de taxes spéciales dans la ville de Lyon. (Décret. — Bordeaux.)

Annulation du décret de la délégation de Bordeaux, en date du 31 janvier, qui frappe d'inéligibilité certaines catégories de citoyens. (Décret. — Paris.)

La signature de 3 membres suffira pour la validité des décrets du gouvernement. (Décret. — Paris.)

6 *Février*. — L'inscription sur les listes électorales ne sera close que le 7 février à minuit. (Décret. — Paris.)

Les deux sections de la cour d'assises de la Seine siégeront simultanément, à raison de la multiplicité des procès à juger. (Déc— Paris.)

Suppression du fonds commun qui existait entre les trois anciennes provinces de l'Algérie, dans la constitution des budgets provinciaux. (Décret. — Bordeaux.)

Bureaux arabes ; modification du décret du 24 octobre 1870. (Décret — Bordeaux.)

Les réquisitions concernant les houilles, bitumes, etc., sont levées. (Décret. — Paris.)

Est également levée la réquisition relative aux viandes de charcuterie. (Déc. — Paris.)

Idem, en ce qui concerne les chevaux. (Décret. — Paris.)

7 *Février*. — Les réquisitions sur les grains, animaux de boucherie et autres sont levées. Le commerce des denrées redevient libre. (Décret. — Paris.)

8 *Février*. — Le rationnement du pain dans Paris cessera à partir du 10 février. (Arr. — Paris.)

9 *Février*. — Nouvelle prorogation d'un mois pour les délais relatifs aux effets de commerce. (Déc. — Paris.)

Approbation de la convention passée avec la compagnie des chemins de fer du Nord, concernant les insuffisances de recettes de l'exploitation de 1870 à 1875. (Décret. — Paris.)

10 *Février*. — Emprunt de 200 millions par la ville de Paris. (Décret. — Paris.)

12 *Février*. — Création d'un emploi de sergent-fourrier dans chaque bataillon de garde nationale de la Seine. (Arr. — Paris.)

Le comité consultatif des chemins de fer institué auprès du ministère des travaux publics est supprimé. (Arr. — Paris.)

13 *Février*. — Démission des ministres de la défense nationale. (Décret — Bordeaux.)

14 *Février*. — Fixation des délais de la prescription pour les délits forestiers. (Décret. — Paris.)

15 *Février*. — L'armistice, qui devait expirer le 19, est prolongé jusqu'au 24.

La solde ne sera plus payée qu'aux gardes nationaux besoigneux qui en feront la demande par écrit. (Décret et arr. — Paris.)

17 *Février*. — Le bataillon du génie volontaire est supprimé. (Décret — Paris.)

18 *Février*. — Composition du conseil général des hospices remplaçant le service de l'assistance publique de la Seine. (Décret. — Paris.)

19 *Février*. — Formation du ministère composant le conseil du gouvernement, sous la présidence de M. Thiers, chef du pouvoir exécutif de la République française.

Nota. — Le décret du 7 septembre, qui admet les faillis concordataires à faire partie de la garde nationale, concerne aussi les arrangements amiables entre créanciers et débiteurs commerciaux, pour prévenir, en faveur de ces derniers, les effets de la faillite.

ADDITION.

25 *Octobre*. — Facilités données aux notaires pour se faire remplacer dans la gestion de leurs offices. — (Décret. — Tours.)

APPENDICE

SEPTEMBRE 1870.

15 *Septembre.* — Le dépôt à la préfecture d'Indre-et-Loire est substitué au dépôt légal nécessaire pour la publication des actes officiels. (Déc. — Tours.)

OCTOBRE 1870.

1er *Octobre.* — La légion romaine licenciée est convertie en bataillon de marche. (Déc. — Tours.)

Appel à l'activité de la classe 1870. (Déc. — Tours.)

2 *Octobre.* — Répression des délits militaires flagrants et création de cours martiales. (Déc. — Tours.)

6 *Octobre.* — Avancement dans les dépôts des régiments dont les portions actives sont bloquées ou prisonnières. (Déc. — Tours.)

10 *Octobre.* — Les sous-lieutenants pour l'infanterie peuvent être recrutés dans la gendarmerie. (Déc. — Tours.)

11 *Octobre.* — Il est créé à Tours un service pour l'émission et le paiement des bons du Trésor. (Déc. — Tours.)

12 *Octobre.* — Les fonctionnaires de l'enseignement sont dispensés de la garde nationale mobilisée. (Déc. — Tours.)

Publication d'un bulletin de la République française. (Déc. — Tours.)

13 *Octobre.* — Le serment professionnel peut être prêté par écrit dans les départements envahis. (Déc. — Tours.)

Les règles sur l'avancement sont provisoirement suspendues. (Déc. — Tours.)

Les compagnies d'huissiers nommeront elles-mêmes leur syndic. (Déc. — Tours.)

14 *Octobre.* — Tout chef de corps qui se sera laissé surprendre sera traduit devant un conseil de guerre. (Déc. — Tours.)

Avancement et service dans l'armée auxiliaire. (Déc. — Tours.)

16 *Octobre.* — Au sujet du tranport des troupes et convois par chemin de fer. (Déc. — Tours.)

19 *Octobre.* — Création de Conseils administratifs dans les vingt-deux divisions militaires. (Déc. — Tours.)

20 *Octobre.* — Sur la discipline de l'armée. (Déc. — Tours.)

23 *Octobre.* — Le ministre de la guerre peut suspendre la circulation des trains de voyageurs et de marchandises sur les lignes de chemin de fer. (Déc. — Tours.)

26 *Octobre.* — L'émission des billets de la banque d'Algérie est portée à 34 millions. (Déc. — Tours.)

NOVEMBRE 1870.

3 *Novembre.* — Les grades conférés en dehors des conditions règlementaires d'avancement sont provisoires. (Déc. — Tours.)

Tout officier nommé à un poste quelconque doit partir dans les vingt-quatre heures. (Arrêté. — Tours.)

8 *Novembre.* — Service spécial d'inspection pour le transport par le chemin de fer des approvisionnements et du matériel de guerre. (Déc. — Tours.)

Une commission de contrôle est instituée pour liquider tous les marchés passés depuis le commencement de la guerre. (Décret. — Tours.)

11 *Novembre.* — Election des rabbins. (Déc. — Tours.)

Tout acte de nature à porter préjudice aux opérations des armées relève des tribunaux militaires. (Déc. — Tours.)

Nomination aux emplois d'élèves dans l'intendance , sans condition de stage. (Déc. — Tours.)

14 *Novembre.* — Les régiments d'infanterie de marche sont portés de 39 à 56, et les bataillons de marche de chasseurs à pied de 9 à 14. (Déc. — Tours.)

18 *Novembre.* — Milice algérienne. (Déc. — Tours.)

19 *Novembre.* — Pénalité en matière de ravitaillement de l'ennemi. (Déc. — Tours.)

Conditions de la naturalisation exceptionnelle. (Déc. — Tours.)

Exercice de l'action publique dans les localités isolées par l'invasion. (Déc. — Tours.)

22 *Novembre.* — Les exemptions prononcées par les conseils de révision sont déclarées non-avenues pour la levée en masse. (Déc. — Tours.)

Moyens à employer pour réaliser la prompte construction des batteries d'artillerie départementales. (Décret. — Tours.)

24 *Novembre.* — Création d'un emploi d'adjudant dans les dépôts d'infanterie. (Décret. — Tours.)

25 *Novembre.* — Exécuteurs des hautes œuvres. (Déc. — Tours.)

27 *Novembre.* — Modification de l'article 463 du Code pénal, sur l'admission des circonstances atténuantes. (Décret. — Tours.)

Le service des postes est chargé de la transmission des lettres adressées aux armées en campagne. (Déc. — Tours.)

Prohibition de l'exportation des céréales de l'Algérie. (Décret. — Tours.)

28 *Novembre.* — Droit de franchise postale et de réquisition accordé aux ingénieurs des ponts-et-chaussées. (Décret. — Tours.)

DÉCEMBRE 1870.

5 *Décembre.* — Formation de listes provisoires pour les jurys d'expropriation. (Décret. — Bordeaux.)

6 *Décembre.* — Composition des services administratifs attachés aux armées en campagne. (Déc. — Tours.)

12 *Décembre.* — La section temporaire de la Cour de cassation est transférée de Poitiers à Pau. (Décret. — Bordeaux.)

13 *Décembre.* — Les régiments de marche sont portés de 57 à 71, et les bataillons de chasseurs à pied de 15 à 23. (Déc. — Bordeaux.)

Les opérations commerciales maritimes sont interdites sur le littoral entre Caen et Saint-Valery, le Hâvre excepté. (Déc. — Bordeaux.)

14 *Décembre.* — Modifications, pendant la guerre, des formalités légales pour l'autorisation des femmes en justice, l'exercice de la puissance paternelle et l'émancipation des enfants. (Décret. — Bordeaux.)

Costume des fonctionnaires et agents du génie civil des armées. (Déc. — Bordeaux.)

15 *Décembre.* — Création d'un tribunal de commerce à Bone. (Décret. — Bordeaux.)

16 *Décembre.* — Modification du siége des Conseils de guerre établis à Bourges. (Déc. — Bordeaux.)

19 *Décembre.* — Indemnité des présidents d'assises en Algérie. (Décret. — Bordeaux.)

20 *Décembre.* — Un bureau d'assistance judiciaire est créé près la section temporaire de la Cour de cassation. (Décret. — Bordeaux.)

23 *Décembre.* — Publications de mariages pendant la guerre. (Décret. — Bordeaux.)

Convention avec les inventeurs d'un procédé nouveau pour correspondre avec Paris. (Décret. — Bordeaux.)

24 *Décembre.* — Hiérarchie et responsabilité du personnel des officiers-administrateurs et des bureaux arabes en Algérie. (Déc. — Bordeaux.)

Extension, dans le Tell algérien, du territoire civil. (Décret. —Bordeaux.)

25 *Décembre.* — Les juges de paix sont autorisés à coter et parapher les registres publics dans les arrondissements envahis. (Déc. — Bordeaux.)

27 *Décembre.* — La vente des huîtres de l'Etat, à Arcachon, est autorisée au profit des familles de marins morts ou blessés. (Déc. — Bordeaux.)

Taxe des dépêches télégraphiques entre la France et l'Algérie. (Décret. — Bordeaux.)

Interprétation du décret de Paris, du 14 octobre, sur la formation des listes du jury. (Décret. — Bordeaux.)

29 *Décembre.* — Attributions, en matière financière, des directeurs et des ingénieurs en chef du génie civil et des régisseurs sous leurs ordres. (Décret. — Bordeaux.)

31 *Décembre.* — Prorogation du décret sur l'admission en franchise des poudres de guerre. (Décret. — Bordeaux.)

JANVIER 1871.

5 *Janvier.* — Levée de la classe 1871. (Décret. — Bordeaux.)

Interdiction du remplacement militaire pour la levée de la classe de 1871. (Déc. — Bordeaux.)

7 *Janvier*. — Création d'un corps de cavaliers· détachés
pour éclairer les avant-postes. (Décret. —
(Bordeaux.)

8 *Janvier*. — Obligations imposées aux compagnies de
chemins de fer pour assurer le service
postal. (Décret. — Bordeaux.)

Interprétation des divers décrets relatifs à la
prorogation des effets de commerce. (Déc.
— Bordeaux.)

9 *Janvier*. — Libre circulation des agents du génie civil
sur les chemins de fer. (Décret. — Bor-
deaux.)

10 *Janvier*. — Les listes du jury en voie de formation seront maintenues. (Déc. — Bordeaux.)

14 *Janvier*. — Organisation des brigades provisoires de
gendarmerie sédentaire. (Décret. — Bor-
deaux.)

15 *Janvier*. — Admission conditionnelle au stage d'avocat
des licenciés qui ne peuvent produire leur
diplôme. (Décret. — Bordeaux.)

18 *Janvier*. — Crédit additionnel de 52 millions 500,000
francs pour l'armement. (Décret. — Bor-
deaux.)

20 *Janvier*. — Prorogation de la limite d'âge pour les candidats à l'Ecole polytechnique présents
sous les drapeaux. (Déc. — Bordeaux.)

La commune de Poiré-sous-Napoléon prend
le nom de Poiré-sur-Vic. (Déc. — Bordeaux.)

Importation des sucres. (Décret. — Bordeaux.)

22 *Janvier*. — Création d'un service spécial pour l'évacuation des approvisionnements devant l'en-
nemi. (Décret. — Bordeaux.)

23 *Janvier*. — Tout acte de destruction des pigeons pendant la guerre sera puni. (Déc. — Bor-
deaux.)

25 *Janvier*. — Exercice du droit de vote des israélites
algériens. (Décret. — Bordeaux.)

25 *Janvier*. — Les jeunes gens de la classe 1871, candidats
à l'Ecole polytechnique et à l'Ecole Saint-
Cyr, sont promus au grade de sous-lieu-
tenant. (Décret. — Bordeaux.)

Le délai de deux ans accordé aux brevetés
pour mettre leurs inventions en exploitation est prorogé de six mois. (Décret. —
Bordeaux.)

28 *Janvier*. — Franchise de douane accordée à l'entrée des
effets de harnachement, d'équipement et
d'habillement. (Décret. — Bordeaux.)

Déchéance des magistrats ayant fait partie
des commissions mixtes de 1852. (Déc. —
Bordeaux.)

Moyens propres à activer les transports de
la guerre par les chemins de fer. (Déc. —
Bordeaux.)

30 *Janvier*. — Les régiments de marche sont portés de 72
à 87, et les bataillons de chasseurs de 24
à 28. (Décret. — Bordeaux.)

31 *Janvier*. — Les élections à l'Assemblée nationale sont
fixées au 8 février. (Déc. — Bordeaux.)

Décret réglementaire sur lesdites élections.
(Décret. — Bordeaux.)

FÉVRIER 1871.

4 *Février*. — Nombre et effectif des régiments de cavalerie. (Décret. — Bordeaux.)

Crédit de 50,000 francs pour l'appropriation
de la salle destinée aux séances de l'Assemblée nationale, à Bordeaux. (Déc. —
Bordeaux.)

Budget de l'Algérie. (Déc. — Bordeaux.)

Le ministre des finances est chargé de
liquider les comptes de l'Algérie. (Déc.
— Bordeaux.)

5 *Février*. — Les corps de Charette, Lipowski et Cathéli-
neau, sont constitués en autant de bri-
gades qui porteront le nom de leurs chefs.
(Déc. — Bordeaux.)

6 *Février.* — Budgets départementaux de l'Algérie. (Déc.
    — Bordeaux.)

Nomination et avancement des officiers ad-
    ministrateurs des territoires militaires de
    l'Algérie. (Décret. — Bordeaux.)

Le prix des immeubles aliénés en Algérie
    sera désormais versé à l'Etat et non à la
    Guerre. (Décret. — Bordeaux.)

8 *Février.* — La répartition du crédit voté en faveur des
    communes victimes de l'invasion sera
    faite par la Commission de secours des
    familles de militaires sous les drapeaux.
    (Décret. — Bordeaux.)

Châlons, imp. T. Martin.

www.ingramcontent.com/pod-product-compliance
Ingram Content Group UK Ltd.
Pitfield, Milton Keynes, MK11 3LW, UK
UKHW022347120726
13694UKWH00004B/1740